Maria-Elisa Hurtado-Graciet

Caderno de exercícios para praticar Ho'oponopono

Ilustrações de Jean Augagneur
Tradução de Sonia Fuhrmann

EDITORA VOZES

Petrópolis

© Éditions Jouvence S.A., 2013
Chemin du Guillon 20
Case 1233 — Bernex
http://www.editions-jouvence.com
info@editions-jouvence.com

Tradução do original em francês intitulado
Petit cahier d'exercices pour pratiquer Ho'oponopono

Direitos de publicação em língua portuguesa —
Brasil: 2020, Editora Vozes Ltda.
Rua Frei Luís, 100
25689-900 Petrópolis, RJ
www.vozes.com.br
Brasil

Todos os direitos reservados. Nenhuma parte desta obra poderá ser reproduzida ou transmitida por qualquer forma e/ou quaisquer meios (eletrônico ou mecânico, incluindo fotocópia e gravação) ou arquivada em qualquer sistema ou banco de dados sem permissão escrita da editora.

CONSELHO EDITORIAL

Diretor
Volney J. Berkenbrock

Editores
Aline dos Santos Carneiro
Edrian Josué Pasini
Marilac Loraine Oleniki
Welder Lancieri Marchini

Conselheiros
Elói Dionísio Piva
Francisco Morás
Gilberto Gonçalves Garcia
Ludovico Garmus
Teobaldo Heidemann

Secretário executivo
Leonardo A.R.T. dos Santos

Editoração: Elaine Mayworm
Projeto gráfico: Éditions Jouvence
Arte-finalização: Sheilandre Desenv. Gráfico
Revisão gráfica: Fernando S.O. da Rocha
Capa/ilustrações: Jean Augagneur
Arte-finalização: Editora Vozes

PRODUÇÃO EDITORIAL

Aline L.R. de Barros
Marcelo Telles
Mirela de Oliveira
Otaviano M. Cunha
Rafael de Oliveira
Samuel Rezende
Vanessa Luz
Verônica M. Guedes

Conselho de projetos editoriais
Luísa Ramos M. Lorenzi
Natália França
Priscilla A.F. Alves

ISBN 978-65-5713-079-7 (Brasil)

ISBN 978-2-88911-402-3 (Suíça)

Este livro foi composto e impresso pela Editora Vozes Ltda.

Dados Internacionais de Catalogação na Publicação (CIP)
(Câmara Brasileira do Livro, SP, Brasil)

Hurtado-Graciet, Maria-Elisa
  Caderno de exercícios para praticar Ho'oponopono / Maria-Elisa Hurtado-Graciet ; ilustrações de Jean Augagneur ; tradução de Sonia Fuhrmann. — Petrópolis, RJ : Vozes, 2020. — (Coleção Praticando o Bem-estar)
  Título original: Petit cahier d'exercices pour pratiquer Ho'oponopono

  4ª reimpressão, 2024.

  ISBN 978-65-5713-079-7

  1. Ho'oponopono 2. Ho'oponopono - Técnica de cura I. Augagneur, Jean. II. Título. III. Série.

20-36744　　　　　　　　　　　　　　　　　　　　CDD-615.8528

Índices para catálogo sistemático:
1. Poder de cura : Ho'oponopono : Terapia alternativa 615.8528

Cibele Maria Dias — Bibliotecária — CRB-8/9427

HO'OPONOPONO é uma palavra havaiana que significa corrigir o que está errado, voltar à perfeição. Essa tradição nos indica que nossa percepção da realidade não é correta, pois está deformada ou oculta por um número incalculável de memórias ou programas inconscientes vindos do passado. Para poder recuperar uma visão clara e pura ela nos propõe fazer uma limpeza permanente nos filtros que deformam nossa percepção.

Nossos erros são múltiplos. O principal deles é acreditar que estamos separados de Deus, do princípio Criador ou da Fonte[1], e por causa disso separados uns dos outros. Essa prática ancestral nos convida a encontrar a conexão com a divindade que todos temos em nosso interior.

Você encontrará mais informações sobre essa prática havaiana nos livros:

Ho'oponopono: o segredo da cura havaiana, Dr. Luc Bodin e Maria-Elisa Hurtado-Graciet;

Grande livro do Ho'oponopono: Sabedoria havaiana de cura, Dr. Luc Bodin, Nathalie Bodin e Jean Graciet

---

[1] Caro leitor, sinta-se à vontade para substituir as palavras que não correspondem ao seu sistema de crenças. Faço o convite para que não se detenha diante da terminologia empregada e vá em frente, para além das palavras, lá onde o que importa é a experiência pura e onde poderemos todos nos encontrar.

O objetivo da prática: a paz interior

Antes de iniciarmos a apresentação dos exercícios para a prática de Ho'oponopono permitam que eu faça uma explicação em relação ao verdadeiro objetivo dessa prática.

Não é só um método que é aplicado quando alguma coisa não funciona como deveria, como se fosse um remédio que tomamos quando temos dor de cabeça.

Também não é uma "receita milagrosa" que permitirá obter o que desejamos.

Nem mesmo é a "técnica" que usamos para curar nosso próximo.

Não é nada disso, mesmo quando os milagres ultrapassam nossas expectativas e podem se manifestar de maneiras muito diversas!

No conto seguinte você encontrará uma pista que indica para onde Ho'oponopono nos leva.

Conto da pedra preciosa

Um homem de imensa espiritualidade, um Sannyasin, aproximava-se da periferia de um vilarejo na Índia... Ele se instalava para passar a noite sob uma grande árvore quando, de repente, um homem se aproximou gritando e correndo em sua direção:

- A pedra! A pedra! Me dê a pedra preciosa!
- Que pedra?, perguntou Sannyasin.
- Na noite passada – disse o homem – tive um sonho com Shiva, que me disse para vir à periferia ao cair da noite. Eu deveria encontrar um Sannyasin que me daria uma pedra preciosa. Essa pedra me tornaria rico pelo resto de minha vida... O Sannyasin procurou em sua bolsa e dela retirou uma pedra:

- Provavelmente Shiva se referia a esta aqui – disse, mostrando a pedra ao homem. – Eu a encontrei por um caminho na floresta, há alguns dias atrás. Tome, leve com você – disse Sannyasin com toda simplicidade.

O homem olhou maravilhado para a pedra preciosa: era sem dúvida o maior diamante do mundo. Ele pegou o diamante e se afastou rapidamente.

Durante toda a noite o homem se revirou na cama sem conseguir dormir. No dia seguinte, ao amanhecer, ele foi encontrar Sannyasin, o acordou e pediu:

- Me dê sua riqueza interior que permite que me dê esse diamante com tanto desprendimento.

HO'OPONOPONO vai nos conduzir até essa imensa riqueza, que é a paz interior e a união com o TODO.

A limpeza ou "reset" do disco rígido do computador

Podemos comparar o funcionamento de nossa mente com um computador.

A parte física seria o cérebro e o sistema nervoso. A parte não física constituída por programas e softwares corresponderia aos nossos pensamentos, sentimentos e emoções, nossas lembranças e crenças. Chamamos de memórias tudo aquilo que está guardado no disco rígido.

Todos iniciamos com os programas básicos que servem para que funcionemos quase de maneira automática (respiração, circulação do sangue, batimentos cardíacos, digestão etc.) e, no decorrer de nossa existência, acrescentamos vários outros programas.

A um dado momento, entretanto, esses programas se tornam obsoletos e acabam tornando o funcionamento do sistema mais lento.

Você já percebeu como o computador fica mais lento quando há muitos programas abertos ou muita informação inútil? Os computadores funcionam melhor quando dispõem de grande quantidade de memória livre.

VOCÊ ESTÁ PRONTO PARA FAZER A FAXINA INTERIOR?

VOCÊ CONCORDA EM REINICIAR SEU COMPUTADOR E, ASSIM, INSTALAR NOVAS VERSÕES DO SISTEMA OPERACIONAL?

Vamos eliminar TODOS os programas de MEDO, de fuga e defesa para dar espaço à confiança e à certeza de que AMOR tudo pode.

Se você aprovou, vamos lá; vamos dar o **reset**.

Noite de cinema: Encontre o filme **2001, uma Odisseia no espaço** e o assista, mesmo que já tenha visto. Observe o que acontece quando o computador (nossa mente) acredita ter todo o poder e se apodera do controle da nave espacial. Felizmente, o astronauta Bowman percebe a tempo e decide desligá-lo para poder continuar a viagem e chegar a seu destino. Preste atenção quando Bowman desativa um a um os discos de memória de HAL, o computador de bordo. Observe como HAL tenta persuadir Bowman a não desligá-lo. (Isso se assemelha à nossa mente que tenta, por todos os meios, impedir a desativação das memórias, impedir a faxina.)

A flor de Ho'oponopono

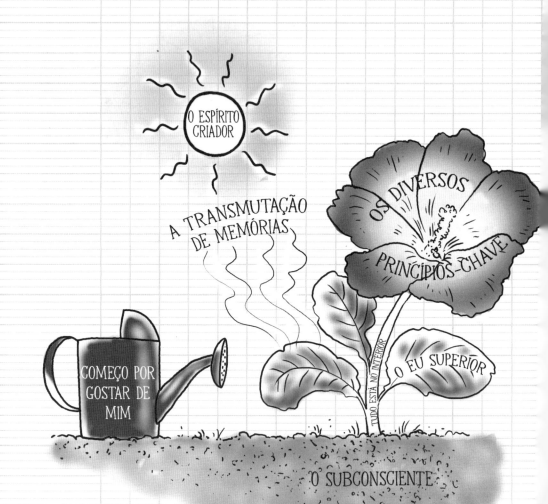

O caule da flor: "Tudo está no interior"

O caule da flor nos lembra que "tudo está no interior". Esse é o sustentáculo de Ho'oponopono, sem o qual não poderíamos continuar. Sem o caule a flor não poderia se sustentar ou crescer. Ho'oponopono nos aconselha a manter a concentração em nosso interior.

Encher o regador: "Começo por gostar de mim"

Se queremos que a flor cresça é preciso regá-la todos os dias. Vamos regá-la com o nosso amor. Como regar uma flor com um regador vazio?

Assim, devemos começar pela valorização de nós mesmos e pelo amor-próprio. Somente quando estamos nesse estado de amor podemos verdadeiramente amar aos outros.

Encho meu regador! Está decidido: gosto de mim!

Os nutrientes do canteiro do inconsciente

A plantinha que floresce encontra nutrientes no solo para crescer e se transformar.

Uma planta com poucas raízes fica impedida de crescer. Do mesmo modo, precisamos criar raízes nas profundezas de nós mesmos para poder atingir as alturas.

Vamos crescer e evoluir pela transformação das memórias, enterradas em nosso subconsciente.

A folhagem do Eu superior e a alquimia da fotossíntese

A planta realiza sua química graças à luz do sol. Ela transforma os minerais do solo em matéria orgânica por meio da fotossíntese.

Como as plantas, para realizar a transformação precisamos de luz. Essa luz seria nossa divindade interior, o princípio criador, a fonte de qualquer coisa que seja amor puro. Graças às folhas, nosso Eu superior, a conexão com a luz é feita e a alquimia da transformação pode ser realizada.

"Tudo é questão de olhar"

Essa flor que precisa ser regada me lembra uma linda história que sem dúvida ajudará a gostar das mudanças de percepção. Como dizia o Pequeno Príncipe:

> "Só enxergamos bem com o coração.
> O essencial é invisível aos olhos".

Pequena história: O conto do pote rachado

"Era uma vez uma velha chinesa muito pobre que morava num barraco.

Seu marido havia cavado um poço bem perto do barraco, mas um dia o marido faleceu e o poço secou.

Depois disso, a velha senhora devia buscar sua água num riacho bem distante.

Para transportar a água que necessitava todos os dias ela havia comprado dois grandes potes. Ela levava os dois potes pendurados em uma vara que carregava entre os ombros. Um dos potes estava rachado e o outro em perfeito estado. Este último sempre estava bem cheio quando ela voltava para a casa; no entanto, o pote rachado, no final da longa caminhada de retorno do riacho, estava pela metade.

A pobre chinesa só conseguia levar para casa um pote e meio de água.

Como podemos imaginar, na China os potes pensam. Sim, em seu interior eles pensam.

O pote em perfeito estado estava muito orgulhoso de si, orgulhoso pelo maravilhoso trabalho que executava.

Ele zombava do outro pote, dizendo: Um dia, a velha senhora vai jogar você no fosso e comprar um outro.

A senhora era pobre, mas ela poderia de fato ter comprado um outro pote.

O pote rachado tinha vergonha de seu defeito. Ele gostaria de transportar tanta água quanto o outro. Ele temia muito ser jogado fora.

No entanto, a velha chinesa não parecia se importar muito. Nunca falava em jogá-lo fora. Ela continuava, dia após dia, a buscar água, seguindo sempre o mesmo caminho.

Ela sempre levava os potes do mesmo lado: o pote rachado ia à esquerda enquanto que o pote perfeito ia à direita.

Passados dois anos, quando a velha senhora estava na borda do riacho e pegou o pote rachado para enchê-lo de água, ele lhe disse: Tenho vergonha de mim! Tenho vergonha, pois, por causa de minha rachadura, a metade da água escapa ao longo do caminho quando você volta para casa. Eu sou muito menos útil do que o outro pote. Por que você nunca diz nada? Por que você não me jogou fora?

A velha chinesa sorriu e disse ao pote rachado: Sempre soube que você estava rachado e que perdia a água do lado esquerdo do caminho durante nosso retorno para casa. Então, eu semeei flores desse lado do caminho e, a cada dia, você as aguou. Você não percebeu que esse lado do caminho está cheio de flores enquanto o outro não?

Dessa maneira, depois de dois anos, tenho lindas flores para decorar minha casa. Sem você eu não viveria cercada de beleza!

Lembre-se: Os que não são perfeitos semeiam a beleza!

Você está preparado para gostar de suas próprias rachaduras?
Já lembrou de agradecê-las?
E também de gostar delas?

Exercício: Gostar das rachaduras

Faça uma lista de rachaduras que você pensa ter (todos os defeitos, todas as críticas) e que, por causa delas, não consegue se perdoar. A seguir, alguns exemplos:

- Meu corpo é muito gordo, magro, velho, flácido...

- Sempre me deixo levar pela raiva.

- Sou desordenado.

- Não deveria ter feito/dito/pensado...

"Sinto muito por esses pensamentos de falta de amor por mim mesmo; sinto muito pela culpa causada por críticas e pela dificuldade de me amar. Peço perdão, e isso significa: peço que todos os meus pensamentos sejam corrigidos e purificados. Sou grato. Decido me aceitar e me amar."

Durante alguns dias, quando você perceber pensamentos de falta de amor para consigo mesmo, repita algumas vezes essa frase dando tapinhas no ponto caratê.

17

Nossos pensamentos, conscientes e inconscientes, criam nossa realidade.

Como indicam alguns estudos recentes, o mundo que nos cerca é uma criação de nossos pensamentos. Constatamos que algumas manifestações disso ocorrem cada vez mais rápido.

Quem de nós já teve a agradável surpresa de receber um telefonema da pessoa em quem acabou de pensar? O problema é que nosso subconsciente está cheio de emoções e de crenças do passado e elas também se manifestam em nossa vida.

Perguntamos, então, o que fazer com essas memórias se elas são inconscientes. Muito simples! Podemos usar "as manifestações" que percebemos no exterior, pois sabemos que elas são as projeções de nossas memórias reativadas.

Da mesma forma que a imagem projetada sobre uma tela pelo retroprojetor é somente a manifestação do diapositivo no interior do aparelho.

Cada imagem ou situação encontrada permite limpar a memória que a criou.

Assim, TUDO se torna uma oportunidade para a evolução.

Só é preciso agarrá-la a cada instante. Simples! Mas talvez não seja tão simples quanto parece!

Exercício: Identificar nossas criações

Mas como fiz para criar tudo isso?
Lembre-se dos últimos acontecimentos que viveu e escreva-os no quadro abaixo.

Exemplos: engarrafamento na estrada, impressora que não funciona, crise de nervos do(a) esposo(a), mas também o magnífico pôr do sol, o vaso de flores sobre a mesa, o telefonema de uma amiga de infância... Não seja preconceituoso, ter atitude pode ser bom ou ruim. Não procure analisar, só anote o que aconteceu ultimamente.
Perceba esses acontecimentos como se fossem suas criações. Você pode se espantar: Mas como posso ter criado tudo isso?

Entre as situações assinaladas por você, identifique aquelas pelas quais não se sente responsável. Por que pensa não ser responsável por uma ou outra situação?
Dessa forma você vai descobrir aquelas partes sombrias que precisam de todo amor e atenção.

Quando assumimos 100% da responsabilidade sobre tudo o que nos acontece saímos automaticamente do nosso papel de vítima e recuperamos o poder sobre nossa vida.

Alerta: Insisto sobre o fato de que "responsável" não significa "culpado".

Sou responsável por minha percepção, pelas opiniões e preconceitos que tenho sobre os acontecimentos e as pessoas. Essa percepção se transforma em minha realidade a todo momento. Se mudo minha percepção, minha realidade também muda.

Pequeno exercício de aceitação de si mesmo

Dê tapinhas com os dedos de uma mão sobre o ponto caratê da outra mão. Ao mesmo tempo diga:
"Mesmo que tenha dificuldade em aceitar que sou responsável pelas situações, eu gosto de mim e me aceito completamente" (repita três vezes).

Quando estamos conscientes de que somos responsáveis por nossos pensamentos e, consequentemente, pelo que eles produzem no exterior, sabemos que, ao mudar nossos pensamentos, o mundo ao redor irá mudar.

Mas às vezes nos esquecemos e acreditamos que a causa de nossos problemas se encontra no exterior.

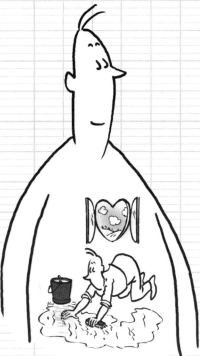

A "limpeza" ou "a mudança" começa sempre no interior.

Quando você decide fazer faxina em sua casa, por acaso vai até o vizinho para pedir que ele passe o aspirador ou limpe os vidros de sua casa?

Essa pergunta pode parecer ridícula e sem propósito, mas frequentemente caímos na armadilha de tentar mudar os outros ou as circunstâncias exteriores para que nos sintamos melhores.

Exercício

Vamos fazer um levantamento dos problemas comuns que nos preocupam ou angustiam e observemos se a mudança que esperamos está no exterior ou no interior de nós.

Situação	Qual é a mudança esperada?	Onde se encontra a mudança?[2]	
		Meu exterior	Meu interior
Meu filho	Que encontre um trabalho	X	
Estou muito gordo	Emagrecer	X	
O cãozinho do vizinho	Que pare de latir	X	

....
....
....
....
....

23

---

[2] Para efeito deste exercício vamos considerar que "meu interior" corresponde à parte essencial e eterna, que é "minha consciência", e por isso o corpo, como um envelope, está no "meu exterior".

Para cada situação respondida "Meu exterior", observe:

Como você se sente? Responsável ou vítima?

Compreenda que "responsável" pode ser entendido como sendo capaz de responder. Sou responsável pelo modo como encaro a situação e todos os pensamentos que tenho sobre ela.

O que acontece se, ao invés de procurar soluções no exterior, você começar a criar mudanças no interior, seja na maneira de encarar ou na maneira de viver a situação?

Feche os olhos e sinta seu interior. Coloque-se a seguinte questão:

Quando penso no problema que me preocupa, o que sinto? Qual é a emoção?

De certa forma, ao permitir que o sentimento surja, começo a olhar para o meu interior.

E se começamos a aceitar o que está dado?

Quando me encontro no estado de "não aceitação" estou negando o que é e o que eu sou; por isso mesmo, reforço o sentimento de separação.

A partir do momento em que existe a não aceitação existe conflito, e a paz não encontra mais lugar.

Tudo ao que resisto, persiste.

Quando penso em "alguma coi-sa", mesmo na forma de resistência, continuo a criá-la.

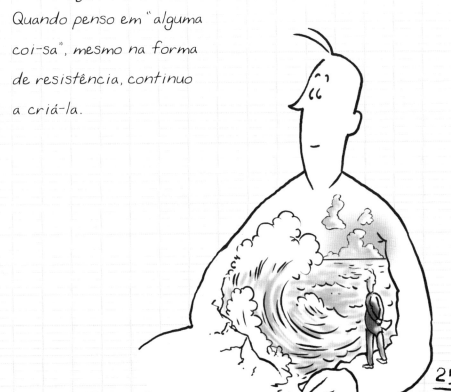

Exercício: Experimentar a resistência e a aceitação

Para realizar este exercício você pode voltar ao problema do exercício anterior ou encontrar um outro problema que neste momento lhe cause angústia e que não consiga aceitá-lo. Procure bem e não continue a leitura sem antes ter encontrado o problema.
Quando encontrá-lo, escreva numa folha de papel e avalie o nível de resistência ou de não aceitação:
10 é o máximo de resistência e 0 a aceitação total.

A) Sinta sua resistência!
Em seu próprio corpo sinta completamente a resistência. **Em que lugar ela se encontra? Você pode reforçar ainda mais a resistência? Mais um pouco?**
Um pouquinho mais?
Para ajudar, pense com força: NÃO, NÃO! Você também pode cerrar os punhos bem forte. Mais forte... Sinta a resistência.

B) Agora relaxe, abra sua mente, acolha, receba "o que é", permita que esteja aqui.
Abra as mãos e sinta que seu interior também se abre. Observe o que está lá de maneira tranquila, neutra e sem preconceitos. Não julgue.
Você pode dizer SIM para tudo isso?
Amar é aceitar totalmente.
Abra sua mente, seu interior e diga SIM. Você pode sentir a aceitação, o SIM em seu interior, ao abrir as mãos? E mais um pouco?

Repita A) e B) duas vezes.
Depois disso, feche os olhos e respire de modo lento e profundo durante alguns segundos.
Você experimentou duas maneiras diferentes de viver as coisas.
Qual delas você escolhe?

Este exercício deve ser feito várias vezes ao dia, durante alguns dias, para que se torne automático.
Toda vez em que sentir a resistência você pode recomeçar:
Cerre os punhos... abra as mãos... cerre os punhos... abra as mãos...
Eu me apego... eu me desapego... eu me apego... eu me desapego...
Então, o que quero? O que faço?

Sempre tenho escolha.

Quando encontro um problema posso pensar que, de fato, o que causa esse problema não é o que acredito, ou seja, o que está no exterior, mas são as memórias que estão em meu interior

e se manifestam de tal forma que me fazem perceber a situação como um problema.

Se tomo consciência de que as memórias são somente memórias, quer dizer, lembranças do passado, e não são minha verdadeira identidade, e se me lembrar que sou bem mais do que isso, então:

Eu sei que tenho escolha!

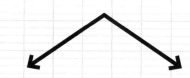

Ou me deixo conduzir pelas memórias

Ou decido me desapegar delas

Essa liberdade de escolha é o grande presente trazido pela responsabilidade.

A todo instante, a função de nossa mente consciente é fazer a escolha.

Exercício: Eu tenho escolha

Pense em um problema ou em uma dificuldade em sua vida. Anote em uma folha de papel ou em um caderno.

Pense que atrás desse problema ou dificuldade há memórias que se tornaram ativas. Agora pergunte-se:

O que farei com as memórias que se manifestaram em minha vida?

- [ ] *Vou guardá-las?*
- [ ] *Vou me apegar?*
- [ ] *Vou liberá-las?*
- [ ] *Vou permitir que a divindade interior faça a limpeza?*

Se você respondeu "sim" para as questões da direita, isso significa que está pronto para soltar os balões.
Você tem sempre o livre-arbítrio. Você é quem decide!

Exercício: Solte os balões. É somente uma memória, e decido liberar.

Imagine que você coloca em uma cesta todas as memórias relacionadas à situação que acaba de anotar na folha de papel. Amarre a cesta a balões cheios com gás hélio. Você pode refazer o exercício dos tapinhas no ponto caratê.

"Mesmo tendo esse problema, sei que ele é somente uma manifestação de minhas memórias. Eu me amo, eu me aceito profundamente.

Mesmo tendo todas essas memórias que se manifestam dessa forma em minha vida, eu me amo e me aceito como sou.

Mesmo tendo esse problema, sei que não passa de uma memória que decido liberar.

Agora posso largar os balões! Posso ver como eles vão se tornando pequenos à medida que sobem e desaparecem no céu. Posso dizer: "Adeus... Obrigado... Te amo... Obrigado... Te amo..."

O relacionamento com a criança interior

As memórias estão alojadas no subconsciente. Os havaianos utilizam a palavra **Unihipili** para indicar essa parte de nosso ser. Ela significa CRIANÇA.

Manter um bom relacionamento com nossa criança interior é fundamental para que o processo de limpeza seja feito de modo fluido. Se nossa criança interior estiver presa ou se tiver perdido a confiança, teremos dificuldades para desenvolver o processo de liberação e de desapego. Ela precisa ser reconhecida, ouvida e tranquilizada. Ou seja, ela precisa ser amada.

Exercício: Dialogar com a criança interior

Durante o dia, converse com sua criança interior do seguinte modo:

"Sei que está aí, sei que você existe... Perdoe se algumas vezes me esqueço disso.

Gosto muito de você, agradeço-lhe por me ajudar a desapegar das memórias e a limpar aquelas que devem ser limpas.

Sei que está aí, sei que me escuta. Gostaria de me dizer alguma coisa?
Você tem o direito de sentir o que sente. É você que acolhe e que deixa ir... Sou grato, te amo. Sou grato, te amo..."

A criança interior é a sede das emoções. Acolha as emoções, sinta e pare de lutar contra elas. Essa é sem dúvida a melhor maneira de liberá-las. Sobretudo, dê a ela todo o amor e atenção. Cuide bem dela.

Uma técnica maravilhosa para acolher e liberar as emoções é o EFT[3].

O exercício que usamos para a resistência também pode ser usado para acolher as emoções.

À noite

Como me comuniquei com minha criança interior hoje?
Ouvi meu corpo, meus sentimentos e minhas emoções?
Ou então, tenho tendência a me separar ou a negar essa parte de mim?
De que modo posso cultivar e melhorar esse relacionamento?

Observe nos próximos dias as respostas que consegue para essas questões.
Não permita que mais um dia se passe em sua vida sem consagrar um tempo à criança interior, pois graças a ela você pode manter a ligação com sua divindade.

---

[3] Cf. o livro *L'EFT, mode d'emploi*, Dr. Luc Bodin e Maria-Elisa Hurtado-Graciet. Éd. Jouvence.

Cultivar a ligação com a alma ou o Eu superior

Todos temos uma parte, em nível superior, ligada diretamente a Deus ou à Fonte. Corresponde ao supraconsciente, também chamado alma ou Eu superior.

Quando escolhemos liberar as memórias, nós as entregamos à alma e também à divindade para que sejam transmutadas.

Com a prática, desenvolvemos cada vez mais a confiança nessa parte que, melhor do que nossa mente, sabe o que é melhor para nós.

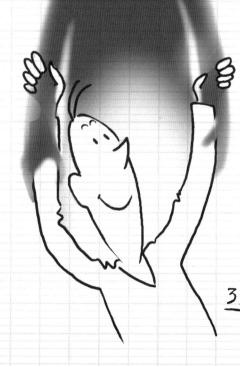

Exercício: A prática pela manhã

Esta prática, que leva menos de um minuto, mudou minha vida.
Toda manhã, antes de colocar os pés no chão, eu coloco meu dia nas mãos de meu espírito infinito (minha alma, meu Eu superior). Passo para ele as rédeas das minhas escolhas e das ações do dia. Isso não significa que não faço nada, mas que meus atos são dirigidos por ele. Coloco-me a seu serviço, e isso muda tudo.
Todos os "eu quero" ou "eu não quero" se dissolvem. Da mesma forma se dissolve o "eu não posso". Transformo-me no instrumento de uma energia bondosa que, ao mesmo tempo, me dá suporte e me guia.

Exercício: Durante o dia

Todas as vezes em que digo "Sou grato", todas as vezes em que digo "Te amo" me conecto com o sagrado que há em mim.
Assim, por que não aproveitar cada momento de pausa, quando caminhamos pela rua ou no transporte, qualquer que seja ele, para recitar o mantra e tomar cuidado com a respiração: inspiro (sou grato), expiro (te amo). Esse exercício simples de consciência pode nos ligar ao nosso Eu superior e também à divindade interior.
Dessa maneira criamos "o reflexo" de ter confiança.

A humildade de "não saber" permite desapegar das expectativas.
Ho'oponopono nos convida a assumir essa atitude. Como dizia Sócrates: "Só sei que nada sei".

Na realidade, não sabemos o que se passa, pois há muitas coisas que escapam à nossa "consciência". Por isso, cresce a importância em confiar nessa parte de mim mesmo que se encontra no nível mais elevado.

Quando "nada sei" não crio expectativas e me abro para acolher a inspiração.

Exercício: O dia do "nada sei"

Alegre-se passando um dia inteiro trabalhando a noção do não saber.
Para não me esquecer do exercício eu sempre utilizo alguns *post-its*. Isso ajuda muito!
Toda vez que você perceber que está fazendo suposições, interpretações ou dando conselhos como aquele que tudo sabe, pare imediatamente esse programa e repita: "Nada sei".
Observe todas as possibilidades que essa atitude de não saber proporciona e decida se quer ou não adotá-la.

O perdão de Ho'oponopono

Perdoar significa corrigir os erros de pensamento. Quando peço perdão, de fato estou pedindo para que meus erros de pensamento sejam corrigidos e dou permissão à minha divindade interior para fazê-lo.

Mas como fazer para detectar meus erros de pensamento?

Espelho, espelho...

"Há uma maneira muito simples para encontrar a porta do verdadeiro perdão e perceber que está completamente aberta para acolher e dar as boas-vindas. Quando se sentir tentado a acusar alguém de pecar, não permita que sua mente se agarre ao que pensa que ele fez, pois isso é uma cilada. Pergunte-se: 'Eu me acusaria de ter agido assim?'"

A "limpeza de Ho'oponopono" desfaz a culpa dentro de nós, aquela que projetamos nos outros. Ao corrigir nossos erros de pensamento estamos de fato nos perdoando.

Os defeitos que enxergamos nos outros talvez nos indiquem o que devemos curar em nós.

Curar o gesto acusador: o dedo em riste apontando para o outro. Observe os três outros dedos indicando outra direção: nós mesmos. Isso sugere que julgar os outros é julgar a si mesmo. Os defeitos que enxergamos nos outros são somente o reflexo de nossos próprios defeitos.

Exercício: Acolher a parte sombria

Faça uma lista dos defeitos que enxerga nos outros e que particularmente causam incômodo. Escreva sua definição para cada defeito. Coloque-se as seguintes questões:
- O que isso quer dizer para mim? Como distingo o defeito?
- Isso me faz lembrar de uma pessoa ou de um episódio em particular?

Perceba se esse problema desperta em você alguma emoção ou sentimento.

Defeitos	Minha definição

Lembrança	Sentimento

Bravo!
Você começou a caminhar para o interior de si mesmo!

> Agora você começa a entender que aquilo que mais incomoda é, de fato, sua própria percepção condicionada pelas memórias.
> Lembre-se sempre: você tem escolha.

Ou você coloca a causa do problema no exterior e continua a apontar o dedo para os outros e, assim, alimenta conflitos; ou decide trazer a paz para si mesmo por meio do amor e da cura da parte de você que está sofrendo.

O desapego: acionar o botão "limpeza"

Uma das etapas fundamentais da prática de Ho'oponopono é "soltar os balões" depois da qual não temos mais nada a fazer. Na verdade, a prática de Ho'oponopono é tão simples que talvez seja essa simplicidade que a torne difícil.

Podemos resumir essa prática em dois pontos essenciais: assumir 100% da responsabilidade sobre nossa vida e, em seguida, delegar a transformação dos pensamentos errados à Inteligência universal. Esse desapegar poderia ser representado pelo gesto de "pressionar o botão" que vai iniciar o processo de limpeza.

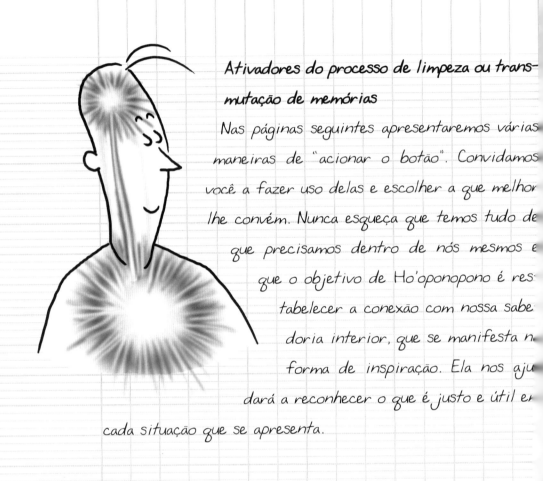

Ativadores do processo de limpeza ou transmutação de memórias

Nas páginas seguintes apresentaremos várias maneiras de "acionar o botão". Convidamos você a fazer uso delas e escolher a que melhor lhe convém. Nunca esqueça que temos tudo de que precisamos dentro de nós mesmos e que o objetivo de Ho'oponopono é restabelecer a conexão com nossa sabedoria interior, que se manifesta na forma de inspiração. Ela nos ajudará a reconhecer o que é justo e útil em cada situação que se apresenta.

Exercício: A boa questão

Quando você encontrar um problema, ao invés de perguntar "Por que eu?", questão que o coloca no papel de vítima, tornando-o impotente, coloque-se a questão que conduz diretamente à ação de "limpeza": "Como posso limpar isso?"
Fique atento às novas ideias que surgirão para ajudar na "limpeza".

Uma historinha

Há alguns anos eu fazia um curso. Para obter o diploma eu deveria fazer uma exposição diante do professor.

Mas o professor era tão exigente que eu ficava sem ação diante dele (sem dúvida, ele trazia à tona várias memórias). Durante uma discussão com uma amiga compreendi que a palavra "amendoim" me fazia rir interiormente e me ajudava a relativizar as coisas da vida.

Isso pode parecer maluco, mas passei dez dias repetindo internamente "amendoim, amendoim, amendoim". Ao mesmo tempo, um grande sorriso se estampava em minha face, o que deixava os outros participantes do curso bastante desconcertados.

Eu ainda não conhecia Ho'oponopono, mas sabia que era a única responsável pelo meu estresse e tinha decidido me livrar de tudo que pudesse gerar ainda mais estresse. Eu fazia Ho'oponopono sem saber!

Diferentes chaves para iniciar o processo de limpeza

O essencial: SOU 100% RESPONSÁVEL. "Sinto muito, por favor, me perdoe por tudo aquilo que trago dentro de mim e que criou ou atraiu isso em minha vida. Te amo, sou grato".

As quatro frases: sinto muito, peço perdão, te amo, sou grato
Essas frases podem ser ditas em qualquer ordem, assim como podemos escolher uma ou duas delas.

Sinto muito

No dia a dia, empregamos essas palavras para pedir desculpas por algo que fizemos a alguém.
Quando pratico Ho'oponopono, tudo se passa no interior. Lanço essas palavras e ao dizê-las reconheço que sou 100% responsável por tudo o que acontece em minha vida.

Peço perdão

A palavra perdão, do verbo perdoar, vem do latim **perdonare**: **per**- "total, completo" e **donare** "dar, doar"; ou seja, é uma dádiva, uma oferenda. É por meio dessa dádiva total de todas as críticas, interpretações e ressentimentos, cuja origem se encontra nas memórias do passado, que abrimos nosso coração e permitimos que tudo se transforme em luz.

Quando pedimos perdão pedimos que todos os nossos erros de pensamento, causados pelas memórias do passado, sejam corrigidos.

Sou grato

A gratidão é a melhor das preces. Eu agradeço essa situação que é a manifestação de minhas memórias inconscientes, pois, graças a ela, o processo de transmutação pode ser iniciado. Tudo se torna, assim, uma oportunidade de "limpeza". Essa simples palavra pode mudar nossa vida.

Quando dizemos **SOU GRATO** para a vida ela ouve nossa prece e nos dá ainda mais razões para continuar a dizer.

Exercício: Testar a gratidão por 24 horas

Faça um presente a si mesmo: experimente dizer SOU GRATO em qualquer situação que se apresente durante todo o próximo dia, seja ela agradável ou desagradável. Diga: SOU GRATO.
Faça isso durante o dia inteiro e alegre-se. Observe a diferença e decida se vale a pena adotar o mesmo procedimento no dia seguinte.

Te amo

O amor é a força mais poderosa do Universo.

Nossos inimigos não estão no exterior. Nossos inimigos mais importantes estão representados por nossas memórias, e amar é a melhor maneira de transformá--las, pois: "Se amar o inimigo, não terá mais inimigo".

Diga: "Memórias, amo todas vocês", e verá como aos poucos elas se dissolvem.

Exercício: A transformação pelo AMOR

Faça novamente o exercício da aceitação que vimos anteriormente, mas substitua a palavra SIM por TE AMO.

A prece de Mornah, a criadora da versão atualizada de Ho'oponopono

> "Divino criador, pai, mãe, filho, tudo em um...
> Se eu, minha família, meus entes próximos e meus ancestrais ofendemos a vós, vossa família, vossos entes próximos e vossos ancestrais, por meio de palavras, ou ações, desde o início dos tempos até hoje, pedimos perdão...
> Limpamos, purificamos, renunciamos, suprimimos todas as memórias negativas, bloqueios, energias e vibrações negativas, e transmutamos essas energias não desejadas em pura luz
> E que assim seja! Amém!

A água azul solar

Encha com água uma garrafa de vidro azul, cuidando para que a tampa não seja metálica, e a exponha ao sol durante uma hora. Passado esse tempo, você pode diluir um pouco dessa água em outra garrafa de água e ela terá o mesmo efeito. Essa água permite limpar as memórias. Pode beber, usar para cozinhar, lavar legumes e verduras e até mesmo passar pelo corpo após o banho.

A respiração consciente

Uma meditação por si só, a respiração consciente, é também uma excelente "ferramenta de limpeza". Quando prestamos atenção em nossa respiração voltamos instantaneamente ao momento presente, a mente desapega e passa o bastão para o Eu superior, e assim a liberação é feita.

Exercício

Os melhores momentos para praticar essa respiração são de manhã, ao despertar, e à noite, ao se recolher. Isso não impede que a pratiquemos em outros momentos do dia, pois isso só leva alguns minutos.

Instale-se confortavelmente, relaxando os ombros, o peito ereto.

1 - Comece inspirando profundamente pelo nariz, prestando atenção ao ar que penetra nos pulmões. Em seguida, mantenha o ar nos pulmões por 5 ou 6 segundos.
2 - Depois disso expire muito lentamente começando a esvaziar completamente o ventre e os pulmões. Permaneça ainda 5 ou 6 segundos com os pulmões vazios, depois inspire novamente.
3 - Faça uma dezena de respirações.

Um jogo de cartas
(Uma solução simples e divertida para criar o automatismo de limpeza cotidiano.)

Você pode fazer um levantamento das frases-chave desta prática e escrevê-las em cartõezinhos.

Assim, diante de situações que causam problemas ou, então, todas as manhãs antes de começar o dia você pode tirar uma carta e deixar que sua mensagem inspire o seu dia. Dessa forma, ela será o "iniciador da limpeza".

O jogo de cartas de Ho'oponopono[4] surgiu, há alguns anos, dessa ideia inspiradora. Esse jogo nos ajudou a integrar no cotidiano o reflexo de praticar Ho'oponopono.

---

[4] Para maiores informações cf. *Sagesse et puissance de Ho'oponopono*, Maria-Elisa Hurtado-Graciet e Jean Graciet. Éd. Jouvence.

O copo de água

Você pode reservar um cantinho de sua casa, longe dos olhares, para essa prática. Crie um espaço sagrado onde depositará seus problemas e/ou suas preocupações, expectativas e projetos para, em seguida, fazer a "limpeza".

Exercício com um copo de água

Numa folha de papel, escreva o problema que deseja tratar e coloque em cima dele um copo contendo três quartos de água filtrada. Você delega à água a transmutação das memórias relacionadas ao problema. Essa é uma maravilhosa maneira de desapegar.
Mude a água pela manhã e à noite (ou com maior frequência, se achar necessário), e a cada troca descarte o conteúdo em um vaso com plantas ou no jardim.

Lápis com borracha

Esse procedimento é usado principalmente para dívidas, contratos, questões administrativas, exames e resultados escolares: qualquer documento em papel que represente a situação que vai receber a "limpeza". Você pode também ter consigo um pequeno caderno no qual escreverá, aos poucos, os problemas que deseja tratar.

Exercício com lápis-borracha

Utilize um lápis com borrachinha na outra ponta. Imagine que coloca uma gota de orvalho sobre a borrachinha. Bata levemente a borracha sobre o papel no qual escreveu o problema a ser tratado e, ao mesmo tempo, repita:

"Divindade que me habita, por favor, limpe as memórias que têm relação com esse problema. Peço perdão por todos os pensamentos errados que tive em relação a isso. Decido amar essas manifestações, pois representam uma oportunidade para eu me liberar de meus pensamentos errados. Sou grato. Assim seja".

Importante: Lembre-se que a limpeza é feita para apagar as memórias que estão se manifestando, e não para obter um resultado.

Rir, sorrir, cantar e dançar

O riso é uma das mais importantes ferramentas de limpeza. Se você consegue rir de seus problemas pode ter certeza que eles estão praticamente resolvidos.

Quando rimos de coração aberto abrimos ao máximo as portas e a liberação é feita quase automaticamente. O mesmo acontece com o sorrir, o cantar e o dançar. Não precisamos de maiores explicações, a melhor maneira de compreender consiste em experimentar.

Exercício do sorriso

Mantenha o sorriso por 90 segundos e repita: "sou grato, te amo", e observe o que acontecerá.

Você pode consagrar o sorriso para qualquer situação, para si mesmo, para um órgão ou parte do seu corpo em sofrimento. Observe a mudança de energia que se produz.

Não é de se espantar que tantas mensagens hoje em dia termine com ☺.

Algumas palavras ou frases "ativadoras" do processo

Podemos utilizar outras palavras para ativar o processo de limpeza. Vamos ver alguns exemplos:

A palavra HO'OPONOPONO

Ho'o: causar, fazer com que algo aconteça.

Pono: correto, perfeito (dizer duas vezes reforça a intenção).

Assim, vamos repetir essa palavra para fazer o que é correto, para provocar a perfeição.

Podemos usar essa palavra para iniciar o processo de liberação das memórias.

Chuva fina

Estas palavras podem nos ajudar a tratar de memórias relativas ao dinheiro que, frequentemente, estão ligadas ao medo de sua falta, à má relação com ele e o que ele representa. Essas palavras auxiliam na recuperação da confiança na vida, elas nos lembram que uma chuva fina traz abundância para a natureza.

Exemplo de utilização nas dificuldades econômicas

Faça essas perguntas a si mesmo:
"O que aconteceu comigo para que essas dificuldades econômicas tenham surgido? Como posso corrigir os erros de pensamento que estão na origem de tudo isso?
Em seguida, repita:
"CHUVA FINA, CHUVA FINA, CHUVA FINA..."

Informação: É importante abandonar qualquer expectativa. Não usamos essa ferramenta para conseguir dinheiro, mas para liberar as memórias relativas à falta de dinheiro e para poder sentir a paz em qualquer circunstância.

Retiro a tampa

Esta frase serve para os casos de dependência, pois ela nos ajuda a abandonar tudo ao que nos agarramos. Se dependemos muito de uma pessoa, rapidamente vamos perceber o quanto essa dependência compromete a relação. Acreditamos que nossa felicidade depende dela e, consequentemente, depende de alguma coisa que é exterior.

De qualquer forma, o problema em questão vem das memórias interiores e o primeiro passo é, como sempre, ser responsável por elas. Em seguida, a única coisa a fazer: limpar, limpar, limpar.

Exercício para dependências afetivas

"Princípio criador, sinto muito por todas as memórias que criaram essa forte dependência a... Por favor, me perdoe e me ajude a liberar todos os pensamentos errados; sou grato por purificar e corrigir todos eles. Não odeio essa dependência, pois ela é somente a manifestação de pensamentos errados que eu tinha em relação ao amor. Hoje aceito sua correção. Sou grato."

RETIRO A TAMPA, RETIRO A TAMPA, RETIRO A TAMPA...

Gotas de orvalho

Os alquimistas colhiam as gotas de orvalho para seus trabalhos. Podemos pensar nesse gesto e repetir as palavras para transmutar em pura luz dourada tudo aquilo que nos "bloqueia" (medos, ressentimentos, angústias, raiva, tristeza). Somos todos verdadeiros alquimistas e a alquimia em nosso interior é feita pelo amor.

O exercício pode ser utilizado em qualquer situação e se completa com o exercício seguinte que serve não só para melhorar as relações com os outros, mas também para a saúde física e emocional.

Exercício para apagar os problemas de ressentimento

"Divindade interior, peço perdão por meus pensamentos errados guardados em meu interior e que me geram ressentimentos. Obrigado por limpar todas as memórias do passado e liberar os bloqueios de energia em relação a tudo isso.

Sinto muito, peço perdão, te amo, sou grato.
GOTAS DE ORVALHO, GOTAS DE ORVALHO, GOTAS DE ORVALHO..."

Deixo a luz entrar

Esta frase pode ser dita para a limpeza de qualquer manifestação repentina ou para um momento de crise. Ela pode ser usada para clarear e para melhorar a energia ou o clima em situações conflituosas.

"Uma esplêndida luz tão doce, tão cheia de verdadeiro amor... Isso sempre esteve lá, só esperando sua hora, esperando que a deixemos entrar..."[5]

---
[5] Satprem, Mère – L'espèce nouvelle.

Olhos de amor

Para ver tudo e todos com os olhos de Deus e ter um olhar de amor. Para evitar críticas, julgamentos, preconceitos, velhas crenças e convenções.

Exercício: Vejo com olhos de amor

Todas as vezes em que estiver pensando em uma crítica sobre alguém ou sobre algo, diga interiormente:

"Peço perdão, modifico meu pensamento. Vejo com os olhos de amor". Sinta o bem-estar que isso produz.

MUITO CUIDADO, ESSA FERRAMENTA PODE NOS TRANSFORMAR DE MANEIRA RADICAL!

Escolho a paz

Esta frase nos lembra que estamos aqui unicamente para trazer a paz para a nossa vida e, dessa forma, que tudo à nossa volta encontre seu lugar, seu ritmo e a paz.

Exercício: Escolho a paz

Quando você estiver em conflito com alguém, ao invés de entrar em discussão para confirmar que tem razão, lembre-se que você tem escolha.

O que prefere: ter razão ou estar em paz?

Lembro-me de quem eu sou

Considerando o "EU SOU" vamos nos lembrar que não somos nossas memórias, mas somos seres infinitos e perfeitos. Somos como as gotas de água que ao caírem no oceano se transformam no próprio oceano, integrando sua imensidão. Esse pensamento nos ajuda a desapegar.

Por que "limpar" o tempo todo?

Como já explicamos, a realidade é criada por nossos pensamentos que, por sua vez, são guiados pelas memórias ou programas inconscientes.

Acreditamos que tomamos nossas decisões com toda liberdade, mas, na realidade, nossa mente utiliza os dados que estão no "disco rígido", no nosso subconsciente que, para funcionar, utiliza as memórias. Assim, construímos a realidade em permanência, repetindo sem parar os mesmos esquemas do passado.

Mesmo se abaixarmos o som do aparelho de CD, até não ouvirmos mais, ele continuará tocando sem parar. A mesma coisa ocorre com as memórias que continuam em movimento 24 horas por dia, todos os dias. Mesmo quando parece que nada está acontecendo as memórias estão em plena atividade, nunca param. Por isso, é preciso fazer a limpeza o tempo todo.

Isso reflete a mesma atitude dos praticantes da medicina chinesa, cujo verdadeiro objetivo é acima de tudo manter as pessoas com boa saúde, ao invés de curá-las quando estiverem doentes. Ho'oponopono nos convida a guardar aquele estado de paz em permanência graças à limpeza constante das memórias do passado.

Como tornar automática a limpeza

Qualquer automatismo é criado pela REPETIÇÃO. Basta lembrar de quando começamos a dirigir um carro. Era preciso pensar em tudo: embreagem, câmbio, freios... e ao mesmo tempo olhar para frente e pelo espelho retrovisor. Tínhamos a impressão de que nunca conseguiríamos. Aos poucos, com a repetição, conseguimos conduzir de modo automático.

Da mesma forma, no início, parecerá cansativo repetir as mesmas frases e palavras. Nossa mente tentará nos dissuadir e nos dará mil razões para não continuar, como por exemplo:

> Será mesmo útil repetir as mesmas palavras?
> É muito simples e certamente não funciona.
> Será que estou fazendo certo?
> Mas, quando digo essas palavras, para quem estou dizendo?
> Não vejo mudança alguma. Eu sabia, é mais um truque que não funciona.

Enquanto esses pensamentos e questionamentos nos perseguem a limpeza não será efetivada e talvez seja exatamente isso que a mente quer, pois de outra maneira ela poderia perder o controle!

Tenha coragem de ser como uma criança e continue a prática sem questionar. Ofereça a si mesmo a chance de experimentar durante algumas semanas de maneira constante e assídua. Sua criança interior seguirá seus passos e continuará a praticar automaticamente por você, sem que perceba.

Você está prestes a criar um novo modo de viver e, como numa grande trilha de montanha, conseguirá chegar ao destino caminhando um pouco por dia.

O primeiro passo dessa caminhada é sermos responsáveis por tudo em nossa vida. Isso é somente a manifestação de nossas memórias inconscientes.

O passo seguinte é iniciar o processo de mudança, pedindo a Deus (Espírito, Fonte) para transmutar nossas memórias para que possamos encontrar a "pureza de coração".

Graças à limpeza constante dos temores, ódios, críticas, preconceitos, ressentimentos ou dependências, o caminho ficará cada vez mais amplo e será mais fácil se deixar guiar pela sabedoria universal que está em nosso coração.

Alguns esclarecimentos sobre as ferramentas ativadoras

Devo esclarecer que mesmo estando conscientes do poder das palavras e da energia que podem carregar, não se deve reduzir a prática à simples enunciação de palavra e frases com conotação mágica.

O mais importante é a mudança de consciência que estamos operando no interior de nós mesmos ao nos tornarmos responsáveis, livres e ao elegermos a paz interior como objetivo primordial.

Por isso, frequentemente não é possível medir de modo tangível e imediato os efeitos da prática de Ho'oponopono, mesmo quando ela nos surpreende. Por outro lado, após um tempo de prática constante e assídua, perceberemos o caminho percorrido e as mudanças profundas que foram feitas em nosso interior e que se refletem também no exterior.

Conclusão

Este pequeno caderno de exercícios chega ao seu fim. Espero que tenha ajudado você a iniciar o caminho e a gostar dessa nova maneira de ser.

Agora, é a Vida que toma as rédeas. Nunca teremos um mestre melhor nem exercícios mais adaptados para a nossa evolução do que as experiências do cotidiano.

Que possamos ter a coragem e a sabedoria de dizer SIM ao jogo da vida, acolhendo com amor e cuidado tudo o que ela nos traz!

Chamo isso de "Fazer a paz com sua criação". E se todas as criações de nossas memórias não passarem de simples ilusões? O livro **Un cours de miracles**[6] começa assim:

> *Nada de real pode ser ameaçado.*
> *Nada de irreal existe.*
> *Nisso reside a paz de Deus.*
> Que a **paz** de Deus esteja
> em nosso **CORAÇÃO!**

---
[6] *Un cours de miracles*, Helen Schuman. Éd. Octave.

Acesse a coleção completa em

livrariavozes.com.br/colecoes/caderno-de-exercicios

ou pelo Qr Code abaixo